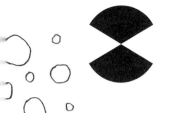

なぜなら、それが「好き」ということだから。

Because it
means "love."

昨日よりちょっとだけ、
せつなくて、幸せ

a little bit more bittersweet
but happier than yesterday

ひでまる
Hidemaru

大和出版

これから、大きな幸せをつかみ取るために

はじめに

偉大な物理学者アインシュタインはこう言いました。

「我々の直面する重要な問題は、その問題をつくったときと同じ考えのレベルでは解決することはできない」

悩みを抱えたとき、大事なのは、それまでの考え方を変えること――。僕はそう思っています。

はじめまして。恋愛心理カウンセラーのひでまるです。

これまでに五千件以上の悩み相談を受けてきて、気づいたことがあります。

それは、「あと少し、考え方を変えるだけで、うまくいくのに……」ということ。

このような思いを伝えたくて、Twitterでメッセージを投稿していたところ、またたく間にフォロワーが大幅に増加。今、約3万人の方からフォローされています。

ここで、ツイートの内容を、一部ご紹介しますと――。

「恋愛でつらい思いをしてきた人には、幸せのキャリーオーバーが発生中なので、のちに手にする幸せがとんでもなく大きくなります。覚悟してください」

「ひとりの男性とうまくいかなくても、世の中には38億人の男がいます。プランAがうまくいかなくても、アルファベットはあと25文字残っている。自分にはたくさん選択肢があるんだと信じること」

そもそも、恋愛をする目的は「付き合うため」ではなく、「幸せになるため」のはず。どうかあなたも幸せになるために、考え方を少しでも変えてみてほしいのです。

本書では、僕独自の視点から、恋愛に悩むあなたに伝えたいメッセージをご紹介していきます。

つらいとき、不安でいっぱいになったとき、「彼でいいのかな」と迷ったとき、ぜひページをめくってみてください。

あなたの幸せのお手伝いができたら、とても嬉しいです。

ひでまる

目次

なぜなら、それが「好き」ということだから。

CHAPTER

2 あなたに我慢は似合わない

CHAPTER 3

言葉があるから愛情は育つ

CHAPTER

4

幸せを手動で選択する

CHAPTER

5

最高の恋をして、最高の自分でいつづける

本文デザイン／今住真由美
DTP／白石知美

PROLOGUE

恋にスキルが必要な理由

本能はいつも邪魔をする

本能まかせに恋愛をしていると、
うまくいかない恋愛パターンから
抜け出すことができません。

「相性さえよければ、何もかもがうまくいく」

「運命の人に出会えば、何もかもがうまくいく」

と信じている人は多いもの。

だけど、幸せな関係は、
最初からそこに存在するものではないのです。

幸せな人ほど、
お互いに努力して、その幸せをつくりあげています。

ずっと仲良く暮らしている老夫婦に、
夫婦円満の秘訣を聞いてみてください。
「何も考えず、ただ自然に過ごしているだけ」
と答える夫婦はいません。
深い関係になればなるほど、
〝スキル〟が存在しています。

恋に溺れてしまわないために

恋愛をうまくやっていくスキルとは、
海で上手に泳ぐスキルと似ています。
海で泳いでいて、気づかないうちに、
沖に流されていく離岸流《りがんりゅう》に乗ってしまったとき、
僕たちの本能はどんな命令を出すでしょうか。

「一刻も早く岸に戻れ」

と命令して、

あなたを必死に岸へ戻らせようとするでしょう。
あなたは必死に泳ぎます。
離岸流に逆らって必死に泳いで岸に戻ろうとします。

その結果、流れに負けて、
力尽きてしまいます。

本能に従うことが正解とは限らないのです。

遠回りするほど、うまくいく

好きな人から連絡がこないと、
不安になって何度も追い打ちのメッセージを送ったり、
出会ったばかりにもかかわらず、
すぐに身体の関係を持ってしまったり、
好かれていないと感じたら、
好きになってほしいからと、もっと押してしまう。
そのときの衝動に流されて行動してしまいがちです。
だけど、衝動に流されて近道をしようとすると、
多くの人が焦りによって冷静さを失い、

落とし穴にはまってしまうのです。

愛されたいなら、自分を愛することが先だし、
遊ばれたくないなら、
身体より心をつなげることが先です。
遠回りが一番の近道だということに気づいている人は、
あまり多くありません。

離岸流を乗り切るために
遠回りすることが大事なように、
恋愛も遠回りしたほうがうまくいきやすいのです。

恋愛でつらい思いをしてきた人には、
幸せのキャリーオーバーが発生中なので、
のちに手にする幸せが
とんでもなく大きくなります。
覚悟してください。

CHAPTER

1

運命の出会いは、
自分でつくる

すべては、はじまりから

周りの友達が結婚していたり、
恋人がいたりするからといって、
あなたより幸せとは限らない。
大事なのはスピードよりも方向です。

焦って方向を間違えないよう、
自分のペースで恋愛をしてください。
急いで結婚したり、
急いで恋人をつくったりするよりも、

相手を冷静に見極めることのほうが大切です。

「恋愛関係のはじまり方と終わり方は似通う」
という言葉があります。
勢いで付き合うと勢いで別れやすいし、
寂しさを埋めるために付き合うと、
寂しさが原因で別れやすいということです。

焦りから目を曇らせて、
重大な事実があるのに見て見ぬふりをしていると、
その重大な事実で別れることになります。

恋は焦らず、時間をかけて、

心と心をつないでいく。
スピードを競うよりも、
正しい方向に向かうほうが大事なのです。

人生というのは長距離レースなので、
途中経過にとらわれすぎないこと。

周りに惑わされず、
自分のペースで恋愛をすることです。

妥協してはいけないもの

この世に完璧な人はいないので、
恋愛には妥協も必要です。
だけど、妥協というのは、
欠点のひとつやふたつを受け入れることであって、
大切にされない恋愛を受け入れることではありません。

思いやりは恋愛の心臓なので、
思いやりのない関係は、ちゃんとこわれます。
思いやりがあるかどうかだけは

妥協しないでください。

どれだけ相手の見た目がよかったり、
スペックが高かったりしても、
大切にしてもらえない恋愛を選んでしまうと、
その関係は必ず破綻を迎えてしまいます。
「好きだから冷たくされてもいい」
と思っていたとしても、
耐えられるのは最初だけ。

女性は、自分自身が求める愛の大きさを
過小評価してしまうことがあります。

また、男性も女性が求める愛の大きさを
見くびっていることがあります。
本当は与えすぎなくらいでも足りません。

女性が離婚に至る原因として、
「夫の容姿が許せなかった」という人は
まずいないように、
離婚原因の大半が、
「夫の思いやりと愛情の欠如」からきているのです。

恋人を選ぶときも結婚相手を選ぶときも、
何より思いやりがあることを重視してください。

好きになる人が正しい相手とは限らない

気をつけないといけないのは、
好きになった人がすべて
自分にふさわしい相手だとは限らないということです。

心は賢くないので、よく間違いを犯します。
ドキドキだけで飛びつくと、
悪い男に引っかかります。

恋のドキドキとは、金属探知機のようなもの。

金属探知機は、純金だけでなく、
鉄クズにだって反応してしまいます。

僕たちは、異性に対してドキドキしたときに、

「これは純金への反応だ」

と決めつけてしまうことが多いのです。

ドキドキは可能性であって、
決め手ではありません。
その可能性の中から純金を見極めるのが
あなたの役目です。

盲目の恋をしないこと。

お目々をぱっちりと開けて、
本当にいい相手なのかを見ないといけません。
ドキドキにまかせていると、
好きになるべきではない相手でも
好きになってしまうのです。

そして、いったん好きになってしまったら、
もはや誰にも止めることはできません。

だからこそ、
自分にふさわしい相手を選べるように
ドキドキだけを決め手にせず、

慎重に相手を見ていくこと。

大事なのは、ドキドキがどれだけ大きいかではなく、
あなたがどれだけ大切にされているか。
気にかけてくれない人のことを気にかけていると、
あなたの心がこわれます。
心を大事にあつかってくれる人を大事にしてください。

「惚れたほうの負け」ではない

「好きな気持ちを出しすぎると冷められるのではないか」

と考えてしまう女性がいます。

「好意は、できる限り見せないほうがいいのではないか」

と考えてしまう女性がいます。

実際はそんなことはありません。


惚れるのは素敵なこと。

だけど、依存に変わった途端にバランスが崩壊します。

依存に変わった途端に、

「私の幸せはあなたにかかっている」
と思うようになってしまいます。

幸せは自分の責任。
幸せな人と幸せな人が一緒になるから、
幸せな関係になるのです。

好きな気持ちを出すことが、相手を遠ざけるわけでも、
惚れることが悪いわけでもありません。
依存することが相手を遠ざけてしまうのです。
恋愛に依存しないように、
自立した自分を確立していくことが大切です。

正しい相手の正しいタイミング

恋愛はタイミングがすべてなので、
たとえどんなに気の合う理想的な人に
出会えたとしても、
結婚のタイミングじゃなかったり、
付き合うタイミングじゃなかったり、
正しくないタイミングで出会ってしまったら、
それは結局のところ、
正しい相手じゃなかったということなんですよ。

「ごめん」と言って
あなたを振った人に対して
「ありがとう」と言う人がふたりいます。
ひとりはこれからあなたが出会う素敵な人。
もうひとりは
その素敵な人に出会った未来のあなた。

「これが俺だから」と言う男

どれだけ男性の見た目がよくても、
「これが俺だから」タイプの男性は
選ばないほうがいい。
恋愛関係はチーム戦なので、
協力ができなければ話になりません。
協力する気のない男性と一緒にいると、
関係をアップデートしていくことができないのです。

はじめからすべての相性が

完璧な関係は存在しないし、
何もかもが望み通りにいくわけではありません。
重要なのは、スタートよりも修正技術のほう。

ふたりの関係をよくしていくために
自分を変えようとしないのは、
男らしさのあらわれではなく未熟さのあらわれです。

男らしい男性ほど、
好きな女性のために頑張れるのです。
一緒に軌道修正していける相手を選んでください。

いい出会いは副産物

いい出会いがほしいなら、
「恋愛だけを目的に出会うな」が鉄則です。
なぜなら、いい出会いとは、副産物だから。

品定めだけを目的にしていると、
いい出会いになりません。

あなたが新しい環境に飛びこんだり、
仲間を増やしたり、人生を楽しんでいるときに、いい出会いが転がりこんできます。

いい出会いを引き寄せる人というのは、
相手に異性として魅力を感じなかったとしても、
人としての魅力や、
友達としての魅力があると感じたときに、
そのひとつひとつのつながりを大事にしています。

恋愛以外の出会いも大事にしていると、
人脈が広がり、異性を紹介してもらえたりして、
いい出会いがやってくることがあります。

反対に、心に余裕がなくて、出会いに必死で、
恋愛の「あり」「なし」だけで品定めしていると、
きっとつまらない人に見られてしまいます。

ひとつひとつの出会いから、
何かを学び取ろうとする姿勢がないと、
自分の中身が育っていきません。

そしてあなたが出会いたがっている素敵な人ほど、
中身のある異性を求めているはずです。

いい出会いとは、「つかみとるもの」というよりも、

「気づいたらつかんでいるもの」という感覚です。
あなたが人とのつながりを大切にして、
仲間を増やし、人生を楽しんでいるときに
もたらされる副産物なのです。

「早く出会いたくてしょうがない」という、
その殺気が消えるほど充実しているときに、
いい出会いがあなたを見つけます。

いい出会いは消去法

最高の出会いとは、
クジで一発大アタリを狙うようなものではなく、
「あの人でもない、この人でもない」と別れを繰り返し、
消去法で導き出すもの。

悪い男を引いてしまうのは、
あなたがアタリを引こうと頑張っている証です。
クジというのは、
どうやってもハズレのほうが多いのです。

だけど、ハズレを引いても諦めずに引きつづければ、
必ずアタリを引くことができます。

出会いを重ねるほど、
あなたは正解に近づいています。

失敗しないようにすることは大事ですが、
失敗してもくじけないことのほうが、
もっと大事なんです。

新しい恋を急がない

僕たちは恋人と別れたり、失恋したりしたときに、
心にぽっかり空いた穴を埋めたくなります。
「やっぱり別れたくない」と復縁したくなったり、
早く新しい恋を見つけようとしたりします。

だけど、自分自身に問いかけるべきことがあります。
「復縁したいのは彼が正しい相手だからではなく、
ぽっかり空いた心の穴を埋めたいだけではないのか」
「早く新しい恋をしたいのは、

素敵な出会いがあったからではなく、
ぽっかり空いた心の穴を埋めたいだけではないのか」
もしそれが心の穴を埋めるための恋愛であるのなら、
焦るほうがかえって穴は広がってしまいます。

実のところ、失恋によって空いてしまった心の穴は、
恋愛以外のことで埋められるのです。

まずは、いったん心を休めて、自分を取り戻して、
復縁や新しい恋を冷静に見ていくこと。
恋が終わってしまったときにまず見つけるべきなのは、
新しい誰かではなく、自分自身です。

フィルターをかける

相手を見極められない人ほど、
出会ったときにフィルターをかけていません。
「遊びなんか求めていない」
「思いやりのある人が素敵だと思う」
などと価値観をはっきり出していれば、
同じ価値観の人が抽出されます。

本当の自分を隠して八方美人になっていると、
フィルターがかからず、

望まない人が寄ってきてしまいます。

僕たちがインターネットで宿を探すとき、
どのエリアのどんな宿に泊まりたいのか、
シングルなのかツインなのか、露天風呂つきかなしか、
さまざまな条件を入力して、フィルターをかけるもの。

恋愛でも同じようにフィルターが必要です。
どんな人を求めているのか、どんな恋愛がしたいのか、
その価値観をはっきり表に出していかないと、
あなたが望んでいない人まで
集まってきてしまう。

あなたに好意を寄せてくる人は
たくさんいるかもしれないし、
あなたが好意を抱ける人も
たくさんいるかもしれません。
だけど、あなたと同じ目的まで持っている人は、
決して多くありません。

価値観をはっきり出すようにしていれば、
条件に一致しない人はあなたを敬遠し、
条件に一致する人があなたのもとに
抽出されていきます。

あなたを本気で好きじゃない男性は、
あなたに疑問を与える。
あなたを本気で好きな男性は、
あなたに確信を与える。

「私」を、手に取って読んでもらう

外見と中身はどちらが大事かというよりも、
ふたつでひとつであり、表裏一体です。
外見を磨けば磨くほど、
より多くの異性に興味を持ってもらえるので、
恋愛の入り口を広げることができます。
だけど、中身に魅力がなければ、
どれだけモテても交際が長続きしません。

友達止まりで恋愛関係に発展しない場合は、

外見を磨くことに力を入れると、
いい恋愛関係につながります。
恋愛関係にはなるけど続かない場合は、
中身を磨くことに力を入れると、
いい恋愛関係につながります。

自分を1冊の本だと考えてみてください。
手に取ってもらえないならば、
表紙をもっとよくすること。
長く読んでもらえないならば、
中身をもっとよくすることです。

恋愛の舵を握れ

男を上手に見極めたいなら、
「積極的に言い寄ってくる男ほど時間をかけろ。
曖昧な態度を続ける男ほど時間をかけるな」
が鉄則です。

積極的な男のペースに合わせてしまうと、
あとで態度が急変します。
はっきりしない男のペースに合わせてしまうと、
ずっとキープされつづけます。

舵はあなたが握ってください。

熱しやすいものほど冷めやすい。
積極的に言い寄ってくる男性ほど、
すぐに冷めやすい傾向があります。

その積極性が遊び目的なのか本気なのかを
見極めるために、
時間をかけてみる必要があります。

すぐに身体の関係を持たないこと。
ランチデートを有効に使ってください。

あなたがペースを落として時間をかけるほど、
相手が遊び目的なら去っていきます。
本気ならあなたのペースに合わせてくれるからです。

また、関係をはっきりさせようとしない男性の
ペースに合わせていると、
ずっとキープされてしまいます。

そうならないように、
自ら関係をはっきりさせにいかなければいけません。
恋愛の舵はあなたが握ってください。

あなたはケーキ、彼はキャンドル

素敵な生き方をしている女性ほど、
恋愛ではふたつのオプションしか
持っていない気がします。

ひとつは高め合っていける彼氏を持つこと。
もうひとつは彼氏を持たないこと。

つまり、幸せな恋愛なら喜んで選択するけど、
幸せな恋愛じゃないなら、

我慢してまでする意味はないと
思っているということです。

人生の楽しみが恋愛だけになっていると、
寂しさを埋めるために、
つらい恋愛でも受け入れてしまいます。
恋愛だけに集中してしまうと、
フラストレーションがたまりやすいのです。
すべて思い通りにいかないのが恋愛なので、
恋愛だけで人生を振り回されてしまわないように、
自分の心は、
自分で満たせるようになる必要があります。

彼からの愛は、
ケーキに添えるキャンドルくらいのつもりが
ちょうどいいのです。

恋愛は、あつかい方を間違えると
心を傷つける凶器になってしまうので、
何よりも冷静さが大切です。
恋愛で心を充実させるより、
恋愛以外で心を充実させるほうが先です。
あなたが人生を楽しんでいれば、
幸せな恋愛があなたを放っておかないでしょう。

「元カレを見返す？
復讐なんて必要ないの。
彼はもう私と一緒になれない。
それ以上の罰なんてないでしょ」

CHAPTER

2

あなたに我慢は似合わない

本気なら言い訳なんてしない

男性が本気で好きなときと
そうでないときの違いは明らかで、
本気で好きなときは、どうにかしようとする。
本気で好きじゃないときは、どうにかしようとしない。
本気で好きじゃない男性ほど言い訳が多いのです。
「忙しい」が大活躍。

本気で好きな男性は、
言い訳を考えるより自分にできることを考えて、

どうにかしようとします。

本気で好きな相手にだったら、
忙しくても仕事を調整して時間をつくったり
時間がない中でも電話したり、
少しの時間でも会いに行ったり、
いろいろと手を尽くすもの。

本気で好きじゃない場合は、
最小限の労力ですませたいから、
手を尽くそうとせず、やらない言い訳が多い。
本心は行動量にあらわれるのです。

尽くされた分、尽くした分

恋愛上手な女性は、相手の歩調を見ます。
恋愛下手な女性は、相手の歩調を見ず、
自分だけ突っ走ります。
恋愛上手な女性は、尽くされた分だけ尽くします。
恋愛下手な女性は、尽くされた分の三倍尽くします。

大事なのは、自分の気持ちがどれだけ大きいかではなく、
お互いの気持ちがどれだけ同じか。

好きな気持ちが大きいときほど周りが見えなくなって、
ついつい自分だけ突っ走って、
独り相撲になってしまうことがあります。

つらい恋愛の沼にはまりこまないためには、
相手の歩調が自分の歩調と
合っているかを見る必要があります。
自分と同じだけの気持ちを
返してくれているのかを見る必要があるのです。

恋愛上手な人は、自分だけ突っ走らないように、
双方向のバランスを大事にします。

恋愛下手な人は、自分だけ突っ走って、
一方通行になって空回りしてしまいます。

恋愛がうまくいく場合というのは、
必ずふたりの歩調が合っていて、
うまくいかない場合というのは、
必ずふたりの歩調が合っていません。

相手の歩調が自分と合っているかを
きちんと見ていけば、
もっと上手に恋愛を進めていくことができるはずです。

まず自分の人生に恋をせよ

音楽に恋をする。大自然に恋をする。
花の香りに恋をする。楽しい時間に恋をする。
頑張っている自分に恋をする。

誰かに恋をするよりも先に、
自分の人生に恋をすること。

わくわくする場所に自分を置いてあげること。
楽しそうに生きているあなたに異性は恋をします。

強要されて眠ることはできない

ある意味において、恋に落ちることは、
眠りに落ちることに似ています。
僕たちは、「早く眠って」と強要されて
眠ることはできません。

恋も同じように考えてください。
両想いになりたいからと、
「好きになって好きになって」と、
強要するように押してしまうのは、

「早く眠って早く眠って」と強要するようなもの。
人は強要されて眠ることができないように、
強要されて好きになることはできません。

考えないといけないのは、
「どうしたら相手が自発的に
そうしたいと思ってくれるか」ということです。

ママが赤ちゃんを寝かしつけるとき、
ママは赤ちゃんに強要しません。
ママは明かりを暗くしたり、抱っこしたり、
赤ちゃんが寝たいと思えるような雰囲気をつくります。

好きな人と両想いになりたいのなら、
あなたがやるべきことは、
強要ではなく雰囲気づくりです。

彼の前で女性っぽさをたくさん見せたり、
ドキドキするような体験を一緒にしたり、
ロマンチックな映画を一緒に観たりするなど、
相手が恋したくなる雰囲気を
つくっていくことが大切なのです。
恋愛がうまくいっていなくて、
空回りしていると感じたときには、
「強要ではなく雰囲気づくり」を意識してください。

あなたに興味がある男

あなたの話を聞こうとする男性は、あなたに興味がある。
自分の話ばかりしようとする男性は、自分に興味がある。
この違いをよく理解しておいてください。

あなたに興味がある男性は、
あなたの話を聞こうとします。
「今日は何を食べたの?」と、
あなたに質問しようとします。
「それからどうなったの?」というように、

あなたの話を掘り下げようとします。
「体調は大丈夫？」というように、
あなたの状態を気にかけます。

それに対して、自分の話ばかりする男性がいます。
武勇伝を語り、自分のことばかりしゃべり、
会話泥棒だってする。
そのような男性は、自分自身に興味があるのです。
自分中心でいたいのです。

なので、自分語りが多い男性は、
相手の話を聞けなかったり、

物事を自分中心に進めていきたいという
心理があらわれていて、
協調性がない可能性が高いでしょう。

世の中の恋人や夫婦が別れを迎えてしまうとき、
「彼が話を聞いてくれない」
が根本的な原因になることはよくあります。

あなたの話を聞いてくれる男性を選んでください。
あなたの話を聞こうとする男性は、
あなたの心の声まで、聞こうとしてくれるのです。

パワーの源になる

女性が素敵な恋愛をしているとき、
笑う回数が増え、友達にのろける回数が増え、
「綺麗になったね」と言われる回数が増えます。
女性がつらい恋愛をしているとき、
悩む回数が増え、友達に相談する回数が増え、
「大丈夫？」と言われる回数が増えます。

恋愛とは消耗する場所ではなく、
パワーをもらう場所。

消耗する関係なら、何かが間違っています。

僕たちが恋愛をする目的は「付き合うため」ではなく、
「幸せになるため」のはずです。

今あなたがしている恋愛が、
いい恋愛なのかよくない恋愛なのか、
自分で判断することができないのなら、
一番大切な親友のことを考えてみてください。
一番大切な親友があなたと入れ替わって、
あなたと同じ状況に置かれていることを
想像してください。

その親友の恋愛を応援できますか？
それとも「やめたほうがいいよ」と言いますか？
その答えが、今のあなたの恋愛への答えです。

もしあなた自身が、
「やめたほうがいいよ」と、
大切な親友にストップをかけたくなるような恋愛を
してしまっているなら、
あなたはもっと自分を大切にしたほうが
いいということなのです。

簡単に幸せを感じるということ

大事なことを言いますが、
幸せの沸点が低い女性ほど男性を幸せにするし、
男性に幸せにされます。

簡単な女になってはいけない。

だけど、簡単に幸せを感じる女になってください。
反応がいい女性に男性は反応します。
反応が悪い女性に男性は反応しません。

相手は替えられる

素敵な女性は、
素敵な男性しか引き寄せないわけではない。
悪い男はモスキートのように、血があるところには
どこにでも向かっていくので、
どんな女性にも悪い男は寄ってくる。
恋愛上手な女性とそうでない女性の違いは、
悪い男への見切りの早さにあります。
相手は変えられないけど相手は替えられるんです。

恋愛で失敗しない人はいません。
悪い相手と出会わない人もいません。

恋愛上手な女性は、
自分にとってよくない相手だとわかれば、
見切りをつけて付き合う相手を替えます。
恋愛下手な女性は、
自分にとってよくない相手だとわかると、
その人を無理に変えようとします。

それはつまり、自分がコントロールできることと
コントロールできないことの

区別がついていないということ。

付き合う相手をどうにか変えようとするのは、
自分でコントロールできることではありません。
だけど、付き合う相手を別の誰かに替えるのは、
自分の判断でできることであり、
コントロールできることなのです。

幸せな恋愛をするために大切なのは、
コントロールできないことに執着せず、
コントロールできることに集中することです。

「私の心を痛めるようなことをして
あなたの心が痛まないのなら、
私のことが好きだなんて
決して言わないで」

自信は最強の化粧

恋愛がうまくいかない本当の理由は、
顔がよくないからでも、体型がよくないからでも
頭がよくないからでもなく、自分に自信がないからです。
自信がなければすべて悪く見え、
自信があればすべてよく見えるのです。

僕たちは自信のなさそうなお医者さんに
かかりたいとは思いません。
自信のなさそうな弁護士に

依頼をしたいとは思いません。
自信のなさそうな人に
何かをまかせたいとは思えないのです。
それは恋愛でも同じことです。

自分に自信を持って振る舞っていると、
それだけで魅力があるように見えるのです。

自分に自信を持っていない人ほど、
自分を褒めていません。
自信をつけるためには、小さなことでも
自分を褒める習慣を身につけることが大切です。

女性という、考えすぎる生き物

男性の言葉の裏には何もないのに、
深読みしてすり減ってしまうのが女性というもの。
女性同士の会話では深読みが必要だったとしても、
男性同士の会話ではほとんど深読みがありません。

深読みをすると、
物事をマイナスの方向に考えて不安が増幅し、
その結果、彼の都合も考えずに、
「会いたい」と言ったり、連絡を催促したり、

疑ったりするなどというように、
一方的に気持ちの暴走を起こすことになります。
また、男性は、女性を安心させるために、
会話を雑にあつかわないことが大切です。

男性が会話を雑にあつかっているのに、
女性が考えすぎないようにするというのは、
無理な注文です。

男性は言葉に気をつけ、
女性は考えすぎないようにするという、
お互いの心がけが大切なのです。

恋のキャンペーン期間

女性にとっては恋愛が一番でも、
男性にとっては三番だったりする。
なのに、出会ったときだけ
多くの男性が恋愛を一番に持ってきて、
落ち着いたらもう、
「キャンペーンは終了」
とばかりに、もとの順番に戻す。

男性には「求愛期」と「通常期」があり、

付き合う前の求愛期には積極的になります。
無事に付き合うことができて、
落ち着いてくれれば、
男性は無理をしていない通常の自分に戻るのです。

彼はあなたのことが嫌いになったのではありません。
それが本来の彼なのです。
これからは本来の彼を見ていかなくてはいけません。

彼があまり構ってくれなくなったからといって、
嫌われたと決めつけず、
恋愛の優先順位の違いを考えて、

理解を示してあげると、
彼とよりよい関係を築いていくことができるでしょう。

女性が求めるのは
「愛」を感じられる親密な距離感ですが、
男性が求めるのは
「自由」を感じられる適度な距離感。

お互いの違いを認識し、
自分が求めるものを与えるのではなく、
相手が求めるものを与えることが大切です。

望みを、叶えてもらう

素敵な恋愛関係を築きたければ、
あなたが行きたい場所、食べたい物、
一緒にやりたいことを
たくさん言える女性になってください。

それはわがままなんかじゃない。
願望を口にできる女性ほどかわいがられ、
気にかけられ、愛を勝ち取れる。
願望は口にしないと、

男性には幸せにする方法がわからないんです。

「カフェに行きたい」

「海に行きたい」

と、望みがたくさん言える女性になってください。


「私には幸せが似合う」

と見せつけてください。

男性は好きな女性を幸せにしたいのです。

どうすればあなたが幸せになれるのか、
その望みをきちんと伝えるようにすると、
あなたを好きな男性は喜んで叶えてくれます。

一番素敵な恋人とは、
一番見た目がいい人でも、
一番面白い人でも、
一番リッチな人でもなく、
「愛されている」と実感させてくれる人。

結末はハッピーエンドしかない

「私は彼のことが大好きで、ずっと一緒にいたい。
だけど、
もし明日別れることになっても、私は大丈夫。

だって私にはわかっている。
すべての出来事には意味があるということを。

無理強いしない。
受け入れ、学び、

次のステージに活かしていけば、すべてうまいく」

という心持ちを目指すこと。

あなたが世の中で出会う人は
二種類の人しかいません。
学びをもたらす人か、幸せをもたらす人。
その出会いがどちらに転んだとしても、
あなたは大切なものを得ることができます。

「なんでこんな目に遭わないと
いけないの……」という思考グセを、
「この出来事は私に何を
教えようとしているのか」
という思考に置き換えていくと、
悪い流れがガラリと変わる。

CHAPTER 3

言葉があるから愛情は育つ

「好き」と褒め言葉と感謝

本当に幸せそうな恋愛関係を築いている
恋人たちや夫婦を見ていると、
「言わなくても、わかり合える関係」なんて、
目指してはいけないいんだと痛感します。

言葉を駆使すること。
「好き」と褒め言葉と感謝は、
ありったけ口に出して伝えないといけない。
愛情より恥ずかしさを優先させている場合ではない。

言わなくてもわかってもらおうというのは、
ある意味でコミュニケーションを放棄しています。
伝えるべきことを伝えないでいると、
心と心はすれ違っていきます。

頑張って伝えてもすれ違いは起きるのに、
伝えずにわかり合おうなんて無理な話。

幸せそうな関係を築いている人ほど、
愛情表現を大事にして、感謝を言葉にしています。

相手の関心に関心を持つ

出会ったときは相手への好奇心とお酒の力で、
いくらでも話がはずむ。
だけど、付き合っていくと、
話すことがどんどんなくなる。
彼は、性の対象としてしか彼女を見なくなります。

人は関心があるところに、深い感情を持っています。
深い感情を共有するためには、
相手の関心に関心を持たないといけません。

彼の関心に関心を持ち、話を掘り下げてみてください。
彼はきっと喜んでおしゃべりをはじめます。
そして、関心を向けてくれるあなたに、
もっと関心を向けてくれるようになります。

恋愛関係を長続きさせたいのであれば、
いろんな話題を共有することが大切です。

ふたりが親友同士のような関係にもなることができれば、
とても強力な関係を築くことができます。
見た目というのは、いずれ老化するけれど、
会話に老化はないのです。

「私vsあなた」で考えない

誰と付き合っても、
誰と結婚しても、
男女は求めるものが違うので、
基本的にはぶつかりやすいものです。

ケンカして、どちらが正しいのか、
勝者と敗者を決めようとすると、
ふたりとも敗者になります。

そして、話し合いはふたりを勝者にします。
「私とあなた」が対立するのは、
成熟していない証拠です。
「私とあなた」が協力して、
問題を解決することが大切。

敵は「私」でも「あなた」でもなく、
「問題」なのです。
「私とあなた」が協力して、
問題に立ち向かえばいい。
チームとして動ける関係こそ、長く続くのです。

「もらい笑い」で、ご機嫌が伝染する

試しに一日ずっと、不機嫌なまま彼に接してください。
彼も不機嫌になります。
試しに一日ずっと、笑って彼に接してください。
彼も笑います。

もらい泣きがあるように、
僕たちはすべての感情をもらいます。

お互いがご機嫌なら、

ご機嫌な関係にしかならないんです。


恋人は自分を映し出す鏡です。

彼に不満があるときには、

「彼の状態に私の状態が映し出されていないか」

ということを考えてみてください。

彼にもっと笑ってもらいたいなら、
あなたがもっと笑うこと。
あなたが変わると彼も変わりますよ。

パートナーはオーナーではない

恋愛関係が上下関係になってしまったら、
終わりです。
上下関係ができたら、
それはパートナーではなくオーナーです。

片方だけが一方的に
我慢を強いられるような関係では、
破綻するようにできています。
ふたりが対等な関係を保つためには、

対等でいる努力をしないといけないのに
いつの間にか相手の機嫌を取るための
努力をしてしまうことがあります。

上下関係ができてしまっている状態で
自分の望みを伝えても、相手はきっと、
あなたの言うことを聞いてくれないでしょう。

恋愛関係は上司と部下の関係でも
アイドルとファンの関係でもありません。
対等だからこそ、
嫌なときは嫌だと言うべきだし、

自分の意見をちゃんと声にするべきだし、
大切にしてもらうことを求めていいのです。

対等でいようとして成り立たない関係ならば、
どうやっても成り立たない関係だということ。

恋人を失うのはとてもつらいですが、
恋人を失いたくないがために、
自分自身を失ってしまうのはもっとつらいものです。

あなたは大切にされるべき存在だということを
決して忘れないでください。

デートで一番大切なのは

デートをするときには、
相手に警戒したり、
自分をよく見せたりすることも大事だけど、
一番大事なのは、デートを楽しむことです。

たくさん笑ってたくさん自分を出してください。
心を開かないことには男女の間に
ケミストリーは起こらないんです。

別れの言葉は別れるときだけ

本当に別れる気がないなら、
冗談でも別れを口にしてはいけません。
気持ちを確かめたいからと、
軽はずみに別れを口にしてはいけません。

別れの言葉を使うのは、
本当に別れるときだけ。

相手の気持ちを確かめたいからと

すぐに別れの言葉を口にしてしまう人がいます。
それは自ら、
別れの言葉が簡単に出るような関係に
してしまっているようなもの。

軽はずみに別れの言葉を口にしていると、
相手も軽はずみに
別れの言葉を口にするようになります。

簡単に別れの言葉を口にしてはいけません。
別れの言葉を口にすればするほど、
ふたりは別れやすくなってしまいます。

いい女といい男

男女の間で問題が起きたときに、
女性は向き合い、
男性は流す傾向がある。

だけど、
女性はもっと流すことを覚えて、
男性はもっと向き合うことを覚えると、
バランスが取れます。

いい女ほど、
過去を蒸し返したり、
ぐちぐち言ったりせず、水に流せる。
いい男ほど、
面倒くさがらずにちゃんと向き合う。

すでに終わった過去の話を蒸し返すのは、
よくありません。

いつも過去を蒸し返していると、
彼に「また蒸し返されるかもしれない」
という不安を与えて、

話し合ったり向き合ったりすることを
彼が避けるようになってしまいます。

ふたりが仲良くやっていくために、
話し合ったり向き合ったりすることは、
とても大切です。

だけど、ささいなことは流せるようになるのも、
関係を良好に保つために大事なのです。

あなたにふさわしい相手が好むもの

あなたが自分を偽り、我慢ばかりし、
間違った振る舞いをしないと続かない関係なら、
間違った相手です。
あなたが自然体で正直に振る舞おうとすると、
間違った相手は不機嫌になる。

あなたにふさわしい相手は、その逆で、
自然体のあなたを好み、
偽りのあなたを好まない。

間違った相手なら、
話し合いをするほど関係が悪化します。
間違った相手なら、
正直になるほど関係が悪化します。
正しい相手なら、
話し合いをするほど関係が深まります。
正しい相手なら、
正直になるほど関係が深まります。
向き合うことから逃げてはいけません。
自然体でいられる相手こそ、
あなたにふさわしい相手なのです。

ひとりの男性とうまくいかなくても、
世の中には38億人の男性がいます。
プランAがうまくいかなくても、
アルファベットはあと25文字残っている。
「私にはたくさん選択肢がある」と
信じること。

どうでもいいことほど、ふたりをつなぐ

恋人たちや夫婦の幸せは、会話の数で決まります。
どうでもいい内容だって
たくさんおしゃべりして楽しめる関係が、
最高だと思うのです。

恋人たちや夫婦は、
会話に一番多くの時間を使っています。
会話が楽しくなければ、
幸せな関係を築くことはできません。

会話が少ないと、関係が悪くなりやすいのです。

幸せそうなカップルは会話が多く、
どうでもいいような内容だって、
口にし合えるのです。

コミュニケーションの質が関係の質です。
関係をよくしたければ、
コミュニケーションをよくしていくことが
もっとも大切なのです。

「YES」は栄養

花は水やりをしないと枯れてしまうように、
愛にも水やりが必要です。
愛とは何もしなくても勝手に生きつづけてくれる
永久機関ではありません。
愛情表現をしたり、一緒に楽しい時間を過ごしたり、
毎日連絡を取り合ったり、思いやったりすることで、
それが栄養となり、愛が育まれます。

恋人たちが長続きするかどうかは、

少しの間、そのふたりを観察してみるだけで、
ある程度はわかります。

長続きするカップルほど「YES」が多く、
すぐ別れるカップルほど「NO」が多い傾向がある。

相手の悪い面にフォーカスするのではなく、
相手の良い面にフォーカスし合える関係を
目指してください。

愛はそこにありつづけてくれるものではなく、
ふたりで手を取り合い、育てていくべきものです。

ずっと忘れられなかった元カレや、
過去の好きな人が、
もはやタイプではなくなったということは、
それはあなたが、
大きく成長したということ。

CHAPTER

4

幸せを手動で選択する

恐怖を自動選択する前に

僕たちの脳は幸せよりも恐怖を優先します。

「嫌われるかもしれない」「傷つくかもしれない」

が優先です。

だけど、幸せは往々にして、

「嫌われるかもしれない」「傷つくかもしれない」

を乗り越えた先にある。

幸せをつかむとは、恐怖を自動選択する脳に
ストップをかけて、幸せを手動選択するということです。

フラれたくないから告白できないのも、
嫌われたくないから本当のことが言えないのも、
別れたくないから我慢してしまうのも、
本能が恐怖を優先してしまう結果なのです。

あなたがつかみたい幸せは、
恐怖を乗り越えた先にあります。
幸せは自ら選択しなければ、
つかむことができないのです。
恐怖ばかり優先して、
幸せを逃さないようにしてください。

心のバリア、ありますか？

自分で自分のことが好きな人って、
心の防御力が高いのです。

誰かにひどいことを言われたときに、
もうひとりの自分が、
「そんなことはない」「気にしなくていい」と
守ってくれるからです。

自分のことが好きじゃないと、

心の防御力が低くなります。
誰かにひどいことを言われたときに、
ノーガードで「そうかもしれない」と
受け止めてしまいます。
受け止めなくていい言葉を、すべて受け止めていると、
心がこわされていくばかりです。

婦人運動家エレノア・ルーズベルトの言葉に、
次のものがあります。
「あなたの許可なくして、
誰もあなたを傷つけることはできない」

誰かにひどいことを言われようとも、
あなたがそれを受け止めようとしなければ、
そして、あなたが自分の味方をしていれば、
心が受けるダメージを減らすことができます。

心をしっかりと守るためにも、
自分を好きになっていくことがとても大事なのです。

あなたは誰かと別れることはできても、
自分自身と別れることはできません。
自分との関係をよくしていくことが、
幸せな人生へとつながります。

太陽のように沈んで、太陽のように昇る

恋愛でつらいことがあったとき、
早く立ち直りたければ、
なんでもないフリをするのではなく、
弱音を吐けるだけ吐き、泣けるだけ泣いてください。
とことん落ちこんでください。

あなたは嬉しいことがあったときには大喜びして、
嬉しいという感情を感じ尽くすはず。
嬉しくないフリなんてしないはずです。

悲しいときだって悲しくないフリをするよりも、
悲しいという感情を感じ尽くしたほうがいいのです。

この世界で一番輝いている太陽だって、毎日沈みます。
太陽は、沈むから、また昇ることができます。

早く立ち直りたければ、太陽のように沈んでください。
弱音を吐けるだけ吐き、泣けるだけ泣いて、
友達にたくさん話を聞いてもらってください。
友達にただ話を聞いてもらうこと以上に、
心に効くセラピーはありません。

落ちこむ時期があるというのは、
あなたの人生に、
深みと広がりが生まれているということです。

味のない人生より、
味わい深い人生を送るほうがきっといい。
落ちこめるだけとことん落ちこんでから
焦らずゆっくりとまた立ち上がればいいのです。

三つ目の色をつくっていく

ふたりがどれだけ恋心を爆発させて付き合っても、
歩み寄る姿勢がなければすぐに別れます。

ふたりの育った環境が違えば、価値観も違います。
自分にはない魅力に惹かれて好きになったはずなのに、
いつの間にか、価値観も距離感も考えていることも、
すべて自分と同じであるように
相手に求めてしまうことがあります。

長続きするかどうかは、
相手との違いという爆弾をどうあつかっていくか次第。

早く別れる人は、
ふたりの違いで責め合い、衝突します。
長続きする人は、
ふたりの違いを尊重し合い、歩み寄ります。

「あなたと彼のどちらが正しいか」ではなく、
お互いに歩み寄って、
中間点を見つけることが大事なのです。

彼の思い通りになるようにあなたの色を消して、
彼一色になってしまう関係では、うまくいかないし、
あなたの思い通りになるように彼の色を消して、
あなた一色になってしまう関係も、
うまくいきません。

大事なのは、
ふたりの色を混ぜ合わせて、
三色目をつくりだすこと。

その三色目こそが、ふたりの美しい愛の色となります。

失ってみないとあなたの大切さが
わからない人より、
付き合っているときに
あなたの大切さをわかってくれる人が、
あなたにとって大切な人です。

愛は動詞だから

「会いたい」が本当なら、会う時間をつくる。
「大切にしている」が本当なら、
傷つくことを言わない。
「想っている」が本当なら、連絡をする。

「愛する」とは動詞なので、
行動を見れば愛がわかります。

「会いたいと思っている」

「君のことを大切に考えている」

「彼女と別れるから、もう少し待ってほしい」

好きな人からそう言われると信じたくなるもの。


もし、彼の言葉を信じていいのかわからないときには、

「行動で示してほしい」と伝えてください。

本気であなたのことを想ってくれている男性は、
あなたを安心させるために行動で
気持ちを示してくれるのです。
言葉はどんなことも語ります。
だけど、行動はすべてを語ります。

涙は多くを語る

恋愛をしていると、苦しいこともあります。
けれど、幸せよりも苦しさが多い恋愛は、
間違った恋愛です。

自分のメンタルをこわしてまで
一緒にいなければいけない異性なんて、
この世にひとりとしていません。

冷たくされて泣いてしまうとき、

それは愛からくる涙だと思ってしまうけれど、
本当は、身体がその相手を拒絶しているサインです。

不安や苦しみを与えてくる相手を
身体は拒絶しています。
その「お知らせ機能」として、涙が出てくるのです。

輪ゴムに、
もうこれ以上伸びないという限界があるように、
人にもこれ以上伸びないという限界があります。
その限界を超えれば、
ぱちんと音を立てて切れてしまいます。

僕たちが恋愛をする目的は、
もうこれ以上伸びないという
我慢の限界を試すためではないはず。
幸せになるための恋愛を選んでください。

誰かを好きになれる人には
情熱があります。
誰かに好かれる人には魅力があります。
そして、好きになってくれた人を好きに
なれる人には、
幸せのセンスがあります。

「いつか」に懸けるギャンブルをしない

「いつか彼は変わってくれる」

「いつか彼はやさしくなる」

「いつか彼は振り向いてくれる」

恋愛は「いつか」に懸けるギャンブルではありません。

今の状態がすべての答えです。

交際の段階であなたが我慢していることの多くは、
結婚すると、その我慢がなくなるものではなく、
むしろ、十倍に膨れ上がります。

結婚とはふたりの問題を解決してくれる場所ではなく、
ふたりの問題をすべて明らかにしてしまう場所。

今の彼がこのままずっと変わらなくても、
それでもあなたは、
幸せな未来が想像できるかを考えないといけません。

「いつか変わってくれる」
という願望と交際するのではなく、
目の前にある現実と交際していくこと。
いつかの彼ではなく、
今の彼を見なければいけません。

わからないことは、わからないまま

ある男は突然去っていくし、
ある男は突然冷たくなるし、
わけがわからないまま恋愛が終わることもあります。
そんなとき、
何が原因だったのかが知りたくて
ずっとそればかり考えてしまいます。

わからないものは無理にわかろうとしないで、
わからないという事実を、

そのまま丸ごと受け止めること。

「そういうものだ」

「理不尽なことも起きる」

「それが人生だ」

と自分に言い聞かせるようにしてください。

自分に非があってもなくても、
去るべき人はどちらにしても去っていくのだから。

あなたにふさわしい人は、あなたに非があっても、
何も言わず去っていくようなことは絶対にしません。

関係をつくるのは男、関係を切るのは女

女性を大切にしない男ほど、
自分から別れようとはしません。

ある意味では、
関係をつくるのは男性の役割で
関係を切るのは女性の役割なんです。

実際のところ、告白するのは男性が多いし、
別れを切り出すのは女性が多いもの。

つまり、告白すべきときに告白できない男性は、
恋愛がうまくいかないことが多いし、
別れるべきときに別れられない女性は、
恋愛がうまくいかないことが多いのです。

冷めているような態度を取っているのに、
別れようとしない男性は、
あなたのことを思いやっていないから。
それを、
「彼はまだ好きだから別れようとはしないんだ」
と思わないでください。

正解がわからなくなったら

僕たちは恋愛で悩んでいるときに、
何が正解なのか、わからなくなることがあります。
付き合ったほうがいいのかわからなくて悩んだり、
諦めたほうがいいのかわからなくて悩んだり、
別れたほうがいいのかわからなくて悩む。
どうするのが正しいのかわからないから、
決断を後回しにしてしまうものです。

だけど、どれだけ悩み倒したところで、

僕たちは正しい決断なんてできません。
僕たちにできるのは、あとで振り返ったときに、「自分の決断が正しかった」と思えるように、これからを頑張っていくことだけです。

ページをめくる決断をしないことには、物語は進んでいきません。
おそれずにページをめくってください。

あなたがこれからを頑張っていくことで、物語の続きを書くことができるのです。
ぜひ素敵な物語にしてください。

やさしくない人のやさしさはまやかし

なぜつらい恋愛から抜け出すのが難しいかというと、
幸せな瞬間がまったくないわけではないからです。
ごく稀に見せるやさしさというのは、
やさしくないからこそ稀にしかないということなのに。

今までの苦労や信じたい気持ちが、
ひとつのやさしさを大きなやさしさに変えて、
食いつないでいってしまうんです。

男性というのは相手を大切にしていなくても、
だらだらとキープしつづける習性があります。
関係が続いているからと女性は本気だったつもりが、
男性にとっては、
ただキープしていただけというケースがよくあります。

自分の幸せの権利を守るためにも、
男性にははっきりと自分の意思を伝えたり、
大切にされていないときに
自分から関係を切れる強さを持つことが、
女性にとってとても大切なことです。

白黒つけてもいい

悩んでいるなら、彼に直接聞くしかありません。
それで関係が終わるなら、どっちにしろ終わるんです。

関係をはっきりさせるべきときに、
はっきりさせられずに先延ばしにすればするほど、
あとで待ち受ける苦しみが大きくなってしまいます。

別れを先延ばしにして、
数年を無駄にしたときの後悔は、

別れるときの痛みとは比較にならないほど
大きなダメージになります。

痛みは一時的なものですが、後悔は一生続くものです。

異性は替えが利きますが、
時間は替えが利きません。
時間を何よりも大切にしてください。

幸せな恋愛ができる女性は、
「幸せにしてくれる男性」を
見つけようとするのではなく、
「幸せを増やしてくれる男性」を
見つけようとする。

CHAPTER

5

最高の恋をして、最高の自分でいつづける

愛の器を広げる

僕たちは「幸せにしてくれる人」を求めているようで、
「自分に近い人」を求めています。

幸せな恋愛がしたいなら、
幸せな自分づくりが先です。

今の自分が幸せじゃないなら、
いざ素敵な人があらわれても、
「こんなに幸せだと怖い」と自ら不安を増やし、

幸せから遠ざかろうとしてしまいます。

人はそれぞれが自分に合った愛の器を抱えています。
愛というのは、その器の大きさだけしか受け取れません。

どれだけ相手の愛が大きくても、
自分の愛の器が小さければ、
溢れてこぼれてしまうのです。
どれだけ素敵な人があらわれても、
自分の愛の器が小さければ、
幸せを受け取れないのです。

幸せな恋愛がしたいなら、
それを受け取れるように、
愛の器を大きくする必要があります。

自分に対して愛を与えることが先です。
自分で自分を満たすことが先なのです。

もっと自分を愛して器を大きくしていくこと。
そうすれば、
幸せな恋愛を受け取れる自分になることができます。

幸せ以外、お断り

幸せな恋愛がしたいなら、あなたは美しくて魅力的で、
幸せが似合うことを自覚してください。
「いや、私なんて」と思っていたら、
悪い男を引き寄せます。

あなたは幸せ以外お断りで、
自分を大切にキラキラしていたら、
それがあなたの綺麗な玄関となって、
素敵な男性が、ベルを鳴らしにやってくるでしょう。

あなたが自分のことをどう思い、
どうあつかっているかが、
あなたという人間の玄関となります。
他人は、その玄関を見て、振る舞い方を変えます。

自分を大切にしていないと、
あなたの玄関は大切にされていない玄関となり、
「この玄関は大切にしなくてもいいんだ」
と思った男性が土足で上がりこんでくるでしょう。

自分を大切にしていると、
あなたの玄関は大切にされている玄関となり、

「この玄関は大切にするべきなんだ」
と思った男性が靴を丁寧に揃えて入ってくるでしょう。

いつも笑顔で明るく過ごしていると、
きっと華やかな玄関になるでしょう。
いつも美を磨き、お洒落にしていると、
きっと美しい玄関になるでしょう。

自分自身を魅力的だと思い、
そうあるために頑張っていると、
あなたの玄関は、どんどん魅力的な玄関になっていき、
魅力的な男性に選ばれる玄関となります。

過去に別れを告げる係

あなたは、

「いつまでも元カレが忘れられない係」

ではないし、

「大切にしてもらえない恋愛をする係」

でもありません。

あなたは、

「思わず顔がほころぶような幸せな恋愛をする係」

だということを忘れないでください。

幸せな恋愛をするうえで、
ときにもっとも大きな障害となってしまうのは、
過去の恋愛です。

裏切られた経験があると、
人を信頼しないようになります。

大切にしてもらえなかった経験があると、
雑にあつかわれることが普通だと思うようになります。

もうつらい思いをしたくないあなたの心は、
好きになることにブレーキをかけて、
嫌われないようにして、

扉にカギをかけてしまいます。

だけど、幸せな恋愛をするために大切なのは、
過去の恋愛に定義されないこと。
過去がつらかったからといって、
これからもつらい恋愛をする必要なんてありません。

あなたが過去の恋愛から学んだことは、
「もう傷つきたくないから、
男性を信頼しないようにしよう」
ではなく、
「私は自分を傷つけてくる男性に

別れを告げる強さがある」
ということです。
そして、心を閉ざすことよりも
幸せをつかむことのほうが、
あなたにとって大事なことであると僕は信じています。

あなたは、
「思わず顔がほころぶような幸せな恋愛する係」
だということを忘れないでください。
過去にとらわれることなく、
新しいスタートを切れる強さが、
あなたにはあります。

恋人はひとつの街ではない

恋人はひとつの街ではなく、ひとりの人間なので、
恋人があなたの人生すべてを満たすことはできません。

恋人に依存しないためには、
自分自身で幸せの軸を増やしていくこと。

友達との関係を充実させ、家族との関係を充実させ、
仕事を充実させ、趣味を充実させ、
人生を充実させていれば、

恋人に依存する必要がなくなります。
友達としか共有できない楽しみだってあるし、
仕事でしか得られない達成感だってあるし、
趣味でしか得られない充実感だってあるのです。
あなたの恋人は、
成長途中にある、みんなと同じ不完全な人です。

恋人に街レベルの大きな要求をしないこと。
理想と期待を押しつけすぎないこと。

手をつないで、
一緒に成長していける関係を目指してください。

「寂しい」だけの恋は先細り

恋人がいないと、孤独でつらいと思う人もいますが、
大切にしてくれない相手と付き合うことほど、
孤独でつらいものはありません。
誰かと付き合うのは幸せになるため。
幸せじゃない恋愛を続ける必要はありません。
基準はいつだって、自分が幸せかどうかです。

「寂しいから会いたい」と、
「好きだから会いたい」では意味が異なります。

寂しさを克服していくためにも、
恋人がいない期間というのは重要な期間です。
恋人がいない期間というのは、
ひとりでも楽しいと思える生活を
確立する期間なのです。

寂しさを埋めるために恋愛をすると、
寂しさで溢れる恋愛になってしまいます。
大切なのは、寂しさを乗り越えて自立すること。
寂しさが幸せではない恋愛を選び、
冷静さが幸せな恋愛を選びます。

母性より大事なもの

女性ホルモンには、
「女性らしさ」を強めるエストロゲンと
「母性」を強めるプロゲステロンがあるそうです。
女性はエストロゲンによって、恋愛をし、
プロゲステロンによって出産・子育てをするイメージ。

母性の特徴は「心配する」「世話をする」「尽くす」。
それらを男性に向けると、
彼の「お母さん」になってしまいます。

あなたの母性は男性に向けるべきものではなく、
将来生まれてくる子に向けるべきもの。

男性はあなたの母性に惹かれるのではなく、
あなたの女性らしさに惹かれます。

男性に、母性本能をくすぐられることも
あると思いますが、
母性ではなく、女性らしさを男性に向けてください。
美容を頑張り、ファッションに気を使い、
ヘアスタイルやネイルにもこだわり、
女性らしさを磨くあなたに、男性は恋をするのです。

去る人は、あなたのために席を空ける

いろんな人があなたのもとにやってきては去っていく。
ふさわしくない人は去っていき、ふさわしい人は残る。
それが出会いの本質です。

あなたにふさわしくない人は、
ふさわしい人に席を空けるために去っていくんですよ。
しがみついていなきゃ引き止められない関係は、
とても苦しいものです。

あなたにふさわしい男性は、
しがみつかなくても離れていきません。
愛とは強要じゃなく自発です。

結局のところ、自由を与えても離れていかず、
強要せずとも愛してくれる相手でなければ、
長続きしません。

去るべき人はあなたがどう頑張っても去っていく。
あなたがそれを受け入れることができたなら、
あなたにふさわしい人が、
その空いた席にやってくるのです。

嫌われることに慣れる

あなたは恋愛で失敗をしたくないと
思っているかもしれませんが、
幸せをつかんでいる人ほど、
たくさんの失敗を経験しています。

恋愛がうまくいかない人ほど、
失敗を過剰におそれていて、
実は失敗をする回数が足りていません。

失敗が少ないのは、
恋愛がうまくいっている人ではなく、
恋愛がうまくいっていない人のほうです。

本当の自分を出せずにいる人は、
嫌われる回数が足りていないから
嫌われないようにしてしまう。

もっと嫌われて、
嫌われることに慣れてください。

「嫌われたくない」という恐怖は、

痛みをブロックするよりも、
幸せをブロックしてしまうことのほうが多いのです。

失敗することも嫌われることも、
決してネガティブにとらえないこと。
それらは羅針盤となって、
あなたに避けるべき道と進むべき道を
教えてくれるでしょう。
やがてあなたを素敵な人のもとへと
導いてくれるのです。

そのときがくれば、

過去の失敗や苦労がすべて、
幸せへとひっくり返ります。

失敗をおそれないこと。
くじけずに頑張ってきてよかったと
思える日が必ずやってきます。

何度も何度も惚れ直す

長続きするカップルと長続きしないカップルの差は、
付き合う前にやっていた「相手を振り向かせる努力」を
付き合ってからも続けられるかどうかにあります。

長続きしないカップルは、
一度惚れただけで終わりますが、
長続きするカップルは、お互いが努力を続けるので、
何度も何度も惚れるんです。

恋人との関係が悪くなっていくときというのは、
お互いの存在を当たり前に感じて、
努力をやめてしまうもの。
見た目に気を使わなくなったり、
「ありがとう」の感謝が減ったり、
デートが減ったり、愛情表現が減ったりするなど、
省エネモードになっていくと、
関係は必ず悪い方向に向かいます。
お互いが「相手に合わせる」ということも
しなくなります。
そうなると、変わろうとしてくれない相手を
どうにか変えようとしたくなります。

でも、うまくいっているカップルほど、
お互いを変えようとはしません。

それは変える必要がないほど
最初からすべてが完璧だからではなく、
変えようとしなくても、
お互いが自発的に変わろうとするから。

相手を振り向かせる努力をやめないカップルは、
同じ相手に何度も惚れるという、
素敵な現象を経験するのです。

値引きシールを自分に貼らないこと。
自分を安売りしないこと。
あなたが手にしている、
最も美しく最も価値のあるものは、
あなた自身であることを忘れないで
ください。

ドキドキしなくなっても

「交際期間も長くなって、
相手にもうドキドキしなくなってきたし、
家族のような存在になってきた」
と思ったら、それは結婚すべき相手です。
決して新しいドキドキを求めてはいけません。
相手を家族のような存在に感じることが
交際の最終到達点です。
ドキドキだけが恋愛だと思っていると、
恋愛で失敗します。

誰と付き合っても、長く一緒にいれば、
ドキドキは必ずなくなっていきます。
それなのにドキドキがなくなったからという理由だけで
新しい人を探してしまうと、
同じループから一生抜け出せなくなります。

ドキドキがなくなる代わりに情が生まれてきたら、
それは正しい恋愛関係のプロセスをたどっている証拠。

そのように感じられる相手こそが、
結婚すべき相手なのです。

宝探しは終わらない

ある人たちは、結婚することで、
一生をひとりに縛られることをおそれている。
だけど、幸せな夫婦は、
たったひとりの中に、数えきれないほど、
多くの魅力があることを知っている。
三十代、四十代と一緒に過ごすほど、
魅力が増えていくのです。

幸せな関係というのは、宝探しのようなもの。

幸せを築いている人ほど、お互いの魅力という宝を
たくさん見つけ出しているのです。
「結婚は墓場だ」と言う人は、
宝探しを放棄してしまっているのではないでしょうか。

幸せな関係を築いている夫婦にとって、
結婚は「宝の山」です。

フランスの作家プルーストの名言に、
「発見の旅とは、新しい景色を探すことではない。
新しい目で見ることなのだ」
というものがあります。

この名言を言い換えるなら、
「幸せな恋愛とは、付き合う相手を
取っ替え引っ替えすることではなく、
付き合う相手の中に、
たくさんの魅力を見つけ出す目を持つことである」
という解釈ができるのではないでしょうか。

そんな目を持てるようになると、
自分にしかわからない相手の魅力を
見出すことだってできます。

たったひとりの中に、
無限の魅力を発見した人たちは、
きっと本当の幸せを発見した人たちなのだと思います。

世界でたったひとつの庭園

付き合うとは、ふたりの庭園を持つということです。
その庭園には、
お花が最初から咲いているわけではありません。
最初は何もない庭園です。

付き合いはじめから、
庭園が完成されていると思っていると、
ふたりは愛を築いていくことができません。

たくさんのお花が咲く庭園になるかどうかは、
これからのふたり次第なのです。

種を蒔いて、水やりをして
毎日協力して、お手入れをする必要があります。
どちらか一方でも協力的じゃなければ、
庭園はたちまち荒れ果ててしまいます。

ふたりの庭園を、
ひとりで完成させることはできません。
必ずお互いの協力が必要です。
お互いを思いやり、協力し合える人だけが、息をのむほど美しい庭園をつくりあげます。
ふたりでつくりあげる庭園こそが、
ふたりの愛のかたちなのです。

愛とは何もしなくても
そこにありつづけてくれるものではなく、
お互いに手を取り合い、
築いていくべきものです。
世界にひとつしかない、ふたりだけの庭園を
つくりあげてください。

恋人がほしいあなたへ。

結婚したいあなたへ。

目標に向かって頑張っているあなたへ。

先に伝えておきます。

「おめでとう！」

僕たち人間は、
誰かのことが本当に好きなとき、
もてあそぶようなことはしない。
失ってもいいような態度は取らない。
無関心な態度は取らない。

僕たち人間は、
誰かのことが本当に好きなとき、
大切にしようとする。
感謝しようとする。
時間を一緒に過ごそうとする。

なぜなら、それが「好き」ということだから。

おわりに

もっともっと、伝え合おう

最後まで読んでいただき、ありがとうございます。

伝え方というのは、とても奥が深いものだと思います。
自分が伝えた気になっていても、実は全然伝わっていなかったり、意図していなかったような受け止め方をされたりすることだってあります。

「コミュニケーションの質が関係の質」
僕の好きな言葉です。

うまくいっているカップルや夫婦ほど、コミュニケーションの質が高いのです。


おそらく僕たちは、よりよく伝え合うことでしか関係をよくしていくことはできないのではないでしょうか。

自分に投げかける言葉を大事に。

相手に投げかける言葉を大事に。

あなたの幸せを心から願っています。

ひでまる

なぜなら、それが「好《す》き」ということだから。

昨日よりちょっとだけ、せつなくて、幸せ

2021年 2 月28日　初版発行
2022年 6 月11日　2刷発行

著　者……ひでまる
発行者……塚田太郎
発行所……株式会社大和出版
東京都文京区音羽1-26-11　〒112-0013
電話　営業部03-5978-8121／編集部03-5978-8131
http://www.daiwashuppan.com
印刷所／製本所……日経印刷株式会社
装幀者……菊池祐

ISBN978-4-8047-0594-1